Liliana Segre – Mario Delpini

LA MEMORIA CHE EDUCA AL BENE

Offrire al mondo una luce che orienta al futuro

SAN PAOLO

Piazza Soncino, 5 - 20092 Cinisello Balsamo (Milano)
www.edizionisanpaolo.it
Distribuzione: Diffusione San Paolo s.r.l.
Piazza Soncino, 5 - 20092 Cinisello Balsamo (Milano)

ISBN 978-88-922-4343-9

“E allora il maestro deve essere per quanto può profeta, scrutare i segni dei tempi, indovinare negli occhi dei ragazzi le cose belle che essi vedranno chiare domani e che noi vediamo solo in confuso”.

Don Lorenzo Milani

L'occasione

Venerdì 2 dicembre 2022, l'Arcivescovo di Milano mons. Mario Delpini e la senatrice Liliana Segre sono stati invitati a offrire al pubblico la propria esperienza, il proprio sentire e la propria visione del compito educativo che la generazione adulta cerca di svolgere anche oggi a favore delle nuove generazioni.

Il tema proposto a entrambi è stato: "Dall'emergenza educativa alla passione di educare".

La sede dell'incontro è stata la Parrocchia di San Pietro in Sala, a Milano. Il parroco, don Domenico Storri, ha sottolineato quale fosse lo spirito dell'iniziativa dicendo: "Non volevamo degli esperti, ma testimoni di altissimo livello di quella 'grammatica dell'umano' di cui gli adulti hanno più bisogno oggi".

La serata ha fatto parte del ciclo *Fare cultura genera il benessere della persona*, una serie di incontri della "Scuola genitori" promossa dalla parrocchia e dall'associazione "I semprevivi", attiva nella stessa parrocchia.

Rispondendo alle domande di un'intervista*, a proposito del tema don Domenico ha spiegato: "È un argomento molto attuale e decisamente necessario. Assistiamo sempre più a uno smarrimento nei ragazzi, che si manifesta con l'aumento dell'aggressività e con l'incapacità di progettarsi".

Le parole pronunciate quella sera sono parse a tutti i partecipanti, e ai molti che le

* A cura di Stefania Cecchetti, per il sito www.chiesadimilano.it.

hanno ascoltate registrate, preziose ed essenziali. È nata quindi l'idea di raccoglierle in una pubblicazione. Essa corrisponde, nei modi e nel linguaggio, all'immediatezza del discorrere, perché deriva direttamente e quasi esclusivamente dall'aver trascritto sulla pagina quanto udito nella chiesa di San Pietro in Sala.

Eventuali esitazioni o imprecisioni, dovute al discorso spontaneo, sono state leggermente sistemate per rispettare la forma di un testo scritto (ad esempio, si evitano le ripetizioni), ma quanto pubblichiamo conserva la freschezza del parlare da cuore a cuore che i due protagonisti hanno offerto a tutto il pubblico.

L'Editore

Introduzione

di Maurizio Ambrosini*

La frase di don Lorenzo Milani che abbiamo posto in apertura di questo piccolo libro mi sembra la migliore introduzione a questo dialogo. L'intuizione che ci guida è l'esigenza di dare una risposta all'emergenza educativa, allo smarrimento di tanti genitori, di tanti adulti, di fronte al compito di educare, alla difficoltà, a volte, di capire, di entrare in dialogo con i giovani, con i nostri figli.

Ecco perché abbiamo chiesto a due testimoni di accompagnarci in questa riflessione

* Sociologo, docente presso l'Università degli Studi di Milano. Ha fatto da moderatore della serata e ha intervistato i due ospiti al termine della loro relazione.

sul compito, la missione e la gioia di educare. Con loro abbiamo svolto una riflessione che si inquadra nel progetto educativo della parrocchia di San Pietro in Sala, nel centro di Milano. Da tempo qui si offre un aiuto al lavoro dei genitori e sostegno a giovani in condizioni di disagio e si svolgono attività con i ragazzi: sono un migliaio circa quelli che partecipano alle diverse iniziative dell'oratorio.

Tutti coloro che danno una mano, i sacerdoti, gli operatori, i volontari, i genitori, i giovani stessi, si sentono molto coinvolti nel compito e nella missione di educare e sono quindi in continua ricerca di punti di rifermento, di consigli, di indicazioni autorevoli.

Due parole sugli ospiti della serata di cui riportiamo il frutto in questo libro.

Anzitutto la senatrice Liliana Segre. È nata a Milano nel 1930 da una famiglia di ascendenza ebraica. Nel 1938 venne espulsa dalla scuola a seguito delle leggi razziali. Nel dicembre del 1943 insieme al padre tentò di rifugiarsi in Svizzera, ma venne respinta dalle autorità elvetiche. Il giorno dopo, fu arrestata e detenuta a Milano.

Il 30 gennaio 1944 fu deportata ad Auschwitz, partendo dal binario 21 della Stazione Centrale, dove oggi una targa ricorda che da lì partivano i deportati per quel terribile viaggio. Venne liberata il primo maggio del 1945: è stata una dei venticinque sopravvissuti tra i 776 minori italiani di età inferiore ai 14 anni che furono deportati ad Auschwitz.

La signora Liliana Segre è rimasta in silenzio per molto tempo – e sarà lei stessa a parlarcene in questa testimonianza – finché nei primi anni Novanta ha deciso di raccontare la sua storia. Lo ha fatto e lo fa soprattutto nelle scuole, con i giovani.

Il 19 gennaio 2018, il Presidente della Repubblica Sergio Mattarella l'ha nominata senatrice a vita "per aver illustrato la patria con altissimi meriti nel campo sociale". Dal 15 aprile 2021 è Presidente della Commissione straordinaria del Senato da lei stessa proposta in contrasto dei fenomeni di intolleranza, razzismo, antisemitismo e istigazione all'odio e alla violenza.

Monsignor Mario Delpini è il primo educatore del popolo a lui affidato. Papa Francesco lo ha nominato Arcivescovo di Milano nel 2017. Ha alle spalle una lunga storia di insegnante, di educatore, di guida dei giovani. È laureato in Lettere classiche, licenziato in teologia, diplomato in scienze teologiche patristiche. Ha insegnato per molti anni presso i seminari della diocesi di Milano e la Facoltà teologica dell'Italia settentrionale. È stato rettore del seminario minore su nomina del cardinale Martini e dal 2000 è diventato rettore maggiore dei seminari della diocesi.

Nel 2006 è divenuto vicario episcopale, nel 2007 vescovo ausiliare del cardinale Tettamanzi, nel 2012 vicario generale della diocesi con il Cardinale Scola.

Il dialogo prende avvio proprio dalle parole dell'Arcivescovo, custode della grande tradizione milanese degli oratori, dell'accompagnamento delle famiglie, dell'associazionismo che anima molte iniziative in questo campo. A lui abbiamo chiesto come vede oggi l'emergenza educativa e quali sono, secondo lui, le dimensioni del compito e della passione di offrire speranza e futuro alle nuove generazioni.

MARIO DELPINI

Arcivescovo di Milano

Tre punti preziosi per affrontare l'emergenza educativa

Mi dico anzitutto onorato della presenza della senatrice Segre e di tante persone che sono qui ad ascoltarci, segno evidente dell'importanza del tema che vogliamo affrontare e dell'interesse che suscita. Di fronte a questa attesa, voglio dire alcune cose che mi stanno molto a cuore.

La prima è che io sono allergico alle generalizzazioni: mi trovo a disagio quando si parla dei "giovani", oppure dei "genitori" o delle "famiglie" come categorie generali. Da quel poco che costituisce la mia esperienza, posso dire che io conosco tanti giovani, però ciascuno con il suo nome e con la sua storia, e tante famiglie, però ciascuna con il suo percorso, i suoi problemi, le sue gioie e le sue feste.

Di conseguenza, temo che quando si parla di emergenza educativa si finisca per dare a intendere – e di dare per scontato – che esista una generazione giovanile che pone delle questioni drammatiche, a causa delle quali sia necessario correre ai ripari. Di fronte a questa visione, di cui comprendo le motivazioni, ma che rischia di essere una semplificazione, mi sento un po' a disagio.

Certo, io stesso più volte ho usato queste categorie e questo linguaggio. Ho parlato anche, in più occasioni, di "emergenza spirituale", un appello che sento levarsi da più parti e soprattutto mi appare evidente da quanto vedo accadere tra i giovani e i meno giovani. Tuttavia, più ci penso e meno trovo categorie che valgono per tutti. Ecco perché la prima cosa che voglio sottolineare è che ciascuno di noi è unico, ha le sue qualità, le sue bellezze, le sue fatiche e i suoi problemi. Siamo unici e l'educatore è proprio chi conosce l'arte dell'incontro con le persone, che sa chiamare per nome coloro a cui rivolge la sua opera.

L'educatore sente un affetto personale e una responsabilità personale per ogni singolo soggetto che incontra e che gli viene affidato o che a lui si affida.

Del resto, questo è ciò che fanno i primi educatori, che sono i genitori. Nei loro discorsi più importanti, dove esprimono l'intensità dei loro affetti e della loro cura, non parlano dei "figli", ma parlano di Pietro, Giovanni, Filippo, Maria, Chiara. Ogni figlio è unico e la consapevolezza di questa unicità, che i genitori conoscono bene, ci deve guidare ogni volta che abbiamo un rapporto educativo.

Siamo partiti dalla testimonianza di don Milani, che tutti consideriamo una figura di educatore che ci indica una via preziosa in questo compito. Di origine ebraica, nato in una famiglia benestante, era un uomo di profonda cultura, coltivata prima nella sua casa e poi nel corso dei suoi studi. Lo ricordiamo soprattutto per aver creato la scuola di Barbiana. L'impresa è nota e sono noti i principi che la animavano, ma è sempre interessante ricordare il contesto in cui è maturata.

Si trattava di una piccola parrocchia di montagna, sugli Appennini, un borgo isolato e con poche attività significative, men che meno di carattere culturale. Le famiglie avviavano molto presto i ragazzi al lavoro di pastore e conducevano una vita semplice e povera. Don Milani giunse lì dovendo vivere una specie di esilio, perché aveva avuto tensioni e incomprensioni con il suo vescovo. Trovatosi lì, guardò in faccia i bambini e i ragazzi e comprese che questi piccoli erano intimoriti, non riuscivano a esprimersi e a parlare. Erano abituati ai silenzi del mondo della montagna, che a noi da turisti sembrano sempre e giustamente affascinanti, ma che per chi viveva lì erano cupi, erano l'espressione dell'umiltà di persone costrette a lavori duri. Lui cominciò a radunarli chiamandoli per nome uno per uno.

Questo è l'insegnamento che prendo anche da don Milani e che voglio porre alla base della nostra riflessione: voglio tenermi lontano dalle generalizzazioni, perché anche tra questi famosi "giovani d'oggi", che sono tanto problematici, conosco persone meravigliose, uomini e donne che hanno passione per la vita, voglia di studiare, desiderio di impegnarsi. E conosco giovani complessati, che hanno paura di tutto, che si sentono inadeguati. E poi conosco giovani apatici, che tirano avanti. E poi sento parlare di giovani aggressivi e violenti.

Insomma: la categoria "giovani" semplifica la nostra comunicazione, ma fa torto a una complessità piena di sfide.

Sono nemico delle generalizzazioni anche quando si parla di "adulti" e di "genitori", di cui spesso si parla molto male: non sono capaci, non sono all'altezza del loro compito, sono troppo preoccupati di sé e non dedicano abbastanza tempo ai figli e via dicendo.

Io conosco coppie molto ricche di umanità e sensibili, educatori esemplari. E conosco famiglie litigiose, dove si comunica molto poco, dove ci sono problemi molto seri. Conosco famiglie povere, famiglie divise e famiglie ferite. Dunque anche quando parliamo delle famiglie non possiamo generalizzare e dobbiamo sempre chiamare anche ciascuna famiglia per nome, rispettando la sua preziosa e a volte fragile singolarità.

Fatta questa premessa, che costituisce la prima attenzione che voglio segnalare, che dire poi di noi adulti in questo momento storico? Direi un secondo punto importante: che se mi guardo intorno noto un clima deprimente. Uno dei linguaggi più usati è il lamento: la vita è "difficile", la società è "complessa" e "complicata", ovunque ci sono problemi da risolvere e crisi che ci appaiono irrisolvibili. E abbiamo motivi per pensare e dire così: c'è una guerra a noi vicina, c'è un'economia di cui si comprende sempre meno il futuro, salgono i prezzi e sembrano scarseggiare le risorse, c'è il grande tema dell'immigrazione. Eppure dovremmo distinguere tra una reale capacità di porci in modo responsabile di fronte alle sfide della realtà personale e della storia e una certa inclinazione al malcontento, al lamento, a una visione un po' deprimente (e deresponsabilizzante) del presente e del futuro.

Questo clima, così diffuso tra gli adulti, secondo me è un grande ostacolo all'educazione. Educare vuol dire aiutare un bambino e un giovane a diventare adulto, ma se così tanti adulti – anche qui: non tutti! – sono così malcontenti, così lamentosi, come possono i ragazzi e le ragazze di oggi pensare come sarebbe bello diventare grandi? Come può un ragazzo dire a se stesso: "Voglio diventare come la mia mamma, come il mio papà, come il mio insegnante, come quella persona che ho conosciuto"?

A volte, sentendo gli adulti e conoscendoli per come si esprimono e come giudicano la realtà, penso che ai ragazzi venga in mente un solo pensiero: "Se fosse possibile, cercherò di restare bambino". E non si tratta, temo, di una semplice provocazione, ma di un atteggiamento strisciante tra i ragazzi e gli adolescenti, almeno – sempre evitando le generalizzazioni – tra molti di loro. E di modi per restare bambini, o per provarci, ce ne sono molti e, diciamolo, quasi tutti sbagliati.

Gli esempi di questa propaganda negativa degli adulti e dei suoi effetti sono vistosi. Ci sono oggi molti giovanissimi che hanno a che fare con genitori tanto scontenti e affaticati da far dire loro: "Da grande, non voglio avere figli". Un ragazzo, una ragazza, possono sognare di diventare papà e mamma se i loro genitori sono sempre nervosi, preoccupati, sconcertati dalla realtà, compresa quella dei loro compiti educativi?

Don Milani diceva che educare (lui diceva volentieri "insegnare") non è prima di tutto una questione di metodo, ma è questione di avere voglia di vivere e capacità di dire qualcosa. Di fronte a questa bella provocazione, mi sembra che l'ansia e lo scoraggiamento degli adulti siano un problema molto serio. E credo che gli stessi adulti se ne rendano conto, quando dicono a se stessi: "Ma cosa posso dire ai miei figli, ai miei studenti, se io per primo sono così infelice e così turbato dalla mia vita?".

Se un insegnante è scontento di come vive e della persona che è diventata, potrà insegnare un po' di storia, di matematica e di geografia, ma non può insegnare a vivere sentendo che la sua vita è poco gratificante. Se io adulto sono così poco contento di essere vivo, non potrò che avere un influsso scoraggiante, o addirittura dannoso, sulla crescita dei giovani a me affidati.

Rivolgo quindi una domanda a me stesso e a tutti gli adulti: siamo contenti di vivere, di avere delle responsabilità, di esprimere noi stessi nelle nostre relazioni e nei nostri impegni sociali?

Farei poi un ulteriore passo avanti. Mi sembra che oggi sia molto diffuso tra i genitori, e più in generale tra gli adulti, un atteggiamento di inconsapevole impoverimento delle prospettive future dei ragazzi.

Provo a precisare la mia sensazione con degli esempi concreti. Quando i genitori sono presenti e hanno dei mezzi, essi li pongono a disposizione dei loro figli: raccomandano ai figli di andare a scuola, e scelgono la scuola migliore possibile; apprezzano molto l'impegno dei figli nello sport, e pagano perché possano svolgere attività di questo genere in diverse modalità e ambienti; non appena i figli, nella loro bella singolarità, mostrano di avere qualche talento, insistono con loro nell'impegnarsi e nel cercare di realizzarlo al meglio, e sono disponibili, in questo caso, a sacrifici, anche per mandare i figli a studiare all'estero o a partecipare a concorsi e a cogliere opportunità. In tutto questo, molti genitori partecipano con convinzione alla competizione di una società che sembra premiare solo i migliori, quelli che riescono, che si affermano e a volte addirittura si impongono. Insomma: gli adulti si presentano ai giovani come coloro che li spingono sempre avanti e lo fanno con una certa energia. E tuttavia, i giovani di oggi si domandano sempre più: "Sì, avanti, ma verso dove? A quale futuro volete che partecipiamo?".

Qui si apre un tema che mi sembra addirittura drammatico: che il futuro sia immaginato come una sfida terribile, anche se inevitabile. A questa visione è sottintesa l'idea che il presente sia negativo, perciò diciamo ai giovani: "Guarda, oggi le cose vanno male, ma in futuro, se ti impegni, ma solo se ti impegni molto, vedrai che potrebbero forse andare meglio. Non sappiamo come, ma bisogna che ti dia da fare per sfuggire al male presente, senza alcuna garanzia, ovviamente, per il futuro, che anzi appare a noi per primi incerto e irto di difficoltà".

Da qui a comunicare il messaggio: "Le cose oggi vanno male, ma in futuro possono anche andare molto peggio" poco ci manca.

Attenzione: non sto dicendo che facciamo male a raccomandare ai giovani di studiare, di imparare le lingue, di sviluppare passioni e sogni. Dico però che se questo invito, spesso venato da una certa ansietà, non si accompagna a una visione radicalmente positiva della vita, a mio avviso anche arricchita da una fiducia che abbia dimensioni spirituali e capacità di affidamento al mistero bello e grande del vivere, esso contribuisce ad appesantire le prospettive dei ragazzi. Non credo, a questo proposito, di potermi stupire quando le statistiche ci dicono che c'è un'altissima percentuale di giovani che né studia, né lavora, né cerca lavoro.

Di fronte a queste situazioni, si invoca giustamente l'aiuto dello psicologo e dello psichiatra e ci sono, per fortuna, educatori che immaginano percorsi per tirar fuori di casa queste persone, spesso con risultati positivi, di ripresa del cammino. Ma rimane il problema: chiunque di noi si mette a correre solo se ha una meta, cioè se c'è una direzione in cui andare, un obiettivo desiderabile, un futuro che merita di essere vissuto. Se noi adulti procuriamo il necessario, se ci preoccupiamo di creare condizioni di crescita favorevoli, ma non abbiamo una speranza da condividere, come faranno i nostri figli a camminare con convinzione e in pace?

Rispetto a questa esigenza, don Milani era e rimane un esempio importantissimo. Era un educatore perché aveva una visione a proposito del presente e a proposito del futuro. Aveva idee profetiche, coraggiose, anche scomode, su come era organizzata e come agiva la Chiesa, su come era strutturata la scuola, su come era impostata la società, che riteneva fosse dominata da un potere autoritario che sapeva, secondo lui, nascondersi bene e andava per così dire "smascherato", offrendo ai giovani gli strumenti per farlo. Stando con lui, i giovani scoprivano che c'era un motivo per studiare e per imparare e che c'era uno scopo per la propria vita. Imparavano prima di tutto a esprimersi, a parlare, perché solo così avrebbero potuto essere protagonisti del cambiamento, e lo capivano. Don Milani li invitava a prendere posizione, perché, spiegava, c'era un potere da abbattere e un sistema da scardinare: un'impresa per uomini e donne forti!

Oggi anche le prospettive più sincere e i più grandi desideri di cambiamento hanno un aspetto incerto, fumoso, davanti al quale si rimane come paralizzati. Credo invece che l'educatore debba e possa essere colui che sa bene che ci sono situazioni difficili, che ci riguardano e persino che ci danneggiano, ma che esiste una speranza, un futuro per cui lavorare con fiducia. Che esiste una terra promessa.

Altrimenti restiamo fermi a un "Sì, forse ce la possiamo cavare" e non abbiamo energia, né entusiasmo, né motivazioni credibili. Altrimenti il futuro ci appare come una minaccia. E in tutto questo vedo certamente una possibilità che si apre davanti a chi crede, perché le promesse di Dio non vengono mai meno. E non si tratta, con esse, di raccontare una favola, di credere in utopie irrealizzabili, ma di accogliere una vocazione che ci rende responsabili di noi stessi e quindi del futuro.

Il futuro non sarà né migliore né peggiore di adesso: sarà come lo faremo. Ecco perché tirar fuori i propri talenti, ecco perché impegnarci al meglio delle nostre possibilità, ecco per cosa investire le nostre risorse e il nostro tempo.

Quando trasmettiamo ai giovani la passione di essere costruttori di futuro, li liberiamo dal timore di essere invece vittime del flusso inesorabile della storia.

E c'è un'ultima cosa, la terza, che voglio dire a proposito di questo tema dell'educare, che ovviamente ha molte dimensioni e occasioni, rischi e potenzialità. Ed è che io credo fermamente che noi siamo in cammino verso una Terra promessa, ma non come una massa che avanza in qualche modo, trascinata da un leader che ci porta chissà dove, ma come gente che è chiamata per nome.

Questo richiamo è personale e denso di significato. È Dio che mi dice: "Mario, io ho stima di te e mi aspetto del bene da te". È in forza di questa vocazione che nessuno di noi è un numero e nessuno di noi è una presenza qualsiasi. Siamo autorizzati ad avere stima di noi stessi: se questa vita mi chiama, se questa promessa mi interpella è perché io non sono uno dei tanti.

In questo clima e con questo sguardo, con questa capacità di ascolto di una voce rivolta a me come persona unica e preziosa, scopro di non essere al mondo per farmi servire dagli altri, ma esisto perché ho la responsabilità di mettere a frutto i miei talenti. La Terra promessa che voglio per me e per tutti non verrà se io non darò il mio contributo: si raggiungerà anche grazie al mio impegno.

Non tutto, dopo aver detto queste cose, è risolto. Anzi: il compito di affrontare l'emergenza educativa comincia sempre di nuovo. Ma io credo che possiamo partire da questi tre punti di riferimento:

- l'essere adulti che non scoraggiano. Basta lamentarci: piuttosto chiediamo perdono, se ci sono stati degli errori, e da questa richiesta e da questo dono traiamo visione ed energia per andare avanti meglio;

- il vivere, noi adulti, una speranza che è la risposta a una promessa più grande di noi, e quindi il coltivare e trasmettere ai giovani di chi sa rendere ragione del proprio cammino, senza negarne i limiti, e sa spiegare perché vede un futuro e quale futuro vede;

- la consapevolezza che siamo chiamati per nome e non confusi in una massa e che proprio da ciascuno di noi, autorizzato a credere in se stesso, può nascere un pezzetto del futuro che desideriamo.

LILIANA SEGRE

Testimone della Shoah
e membro del Senato della Repubblica

Ho capito, ho ricordato, perciò ho parlato

Non è facile parlare dopo l'Arcivescovo Delpini, ma raccolgo subito una delle sue provocazioni, perché sono molto d'accordo a proposito del rischio di generalizzare, che va evitato.

Detto questo, vorrei cominciare il mio intervento a modo mio, cioè trasmettendo e onorando una memoria. Voglio ricordare due persone, molto diverse e molto simili nello stesso tempo. Di ognuno di loro ho avuto la fortuna di essere molto amica.

Uno è il cardinale Carlo Maria Martini, che molti anni fa (eravamo negli anni Ottanta) ebbe un'intuizione preziosa: propose per un certo periodo, all'Università Statale, degli incontri molto partecipati, che si chiamavano *La cattedra dei non credenti*. In quel contesto, qualunque voce aveva la possibilità di farsi sentire. Erano invitati a parlare personaggi di alto livello e si crearono così occasioni di un dialogo non generico e impegnato nella ricerca del bene.

L'altro grande maestro e persona eccezionale, quasi contemporaneo del cardinale Martini, è il rabbino Giuseppe Laras. Egli era animato da una profonda speranza nell'amicizia ebraico-cristiana, sostenuta dalle attività di dialogo promosse dalla Comunità di Sant'Egidio e dalla Comunità monastica di Camaldoli e da altre realtà e personalità in diverse preziose occasioni. Capiva e apprezzava la possibilità reale di incontrarsi, di dialogare e di crescere nella stima reciproca, sostenuti dal dono della fede, senza il quale non è possibile camminare in dimensioni di apertura di questo livello.

Sperava nel presente di questa amicizia e sapeva agire perché si affermasse e rafforzasse nel futuro. Amava questa accoglienza reciproca e proprio per questo non la dava per scontata, ben consapevole che essa a volte c'è e a volte è stata, e può sempre essere, dimenticata o trascurata o tradita.

Conoscevo questi due maestri, fratelli nella fede in Dio che è poi la stessa, e ogni tanto chiedevo loro un consiglio, un aiuto di cui avevo davvero tanto bisogno.

In quegli anni, vivevo in un silenzio che mi angosciava con una pesantezza terribile e non sapevo ancora come uscirne. Rispetto a quel tempo, sono molto più contenta adesso: all'alba dei miei 92 anni, non ho più paura, anche davanti al pubblico, di dire il mio pensiero, mentre per tanti anni – dalla mia prima gioventù fino ai 60 – la paura mi ha impedito di essere me stessa, di essere quella che poi non ho potuto fare a meno di essere e che sono, e cioè una sopravvissuta e quindi una testimone.

Quando ho cominciato a raccontare ciò che ho vissuto da ragazzina, avevo sessant'anni. Fino ad allora avevo tenuto chiusa dentro di me l'eredità della violenza che avevo subito tanto tempo prima: la sensazione che dovevo morire, che ero stata destinata alla morte per la sola colpa di essere nata e non perché avessi fatto qualcosa e la certezza di aver visto il peggio, quello che poi in film, libri, documentari è stato ricostruito, raccontato, spiegato storicamente così com'era – oppure negato, anche oggi (e negato sarà sempre di più, in futuro, quando non ci sarà nessuna voce a dire "Io c'ero").

Quel peso, quell'essere così diversa da tutti gli altri, pur viva, pur libera, è per me una seconda esperienza indimenticabile. Ero così lontana dalle mie coetanee, ero così diversa dalle mie amiche! Qualunque cosa accadesse, ero un essere che era stato invisibile, che era stato odiato, che aveva sofferto l'indicibile.

Ricordavo, ad esempio, gli odori della mia infanzia violata, che non erano gli odori della cucina di casa, quando la mamma fa l'arrosto, ma erano odori, parole, frasi, visioni, che mi avevano segnata per sempre e che non c'è stato un attimo, poi, nella mia vita che non volessero sopraffarmi.

Ciò che era riuscito, invece, a farmi vivere era stato l'amore. E grazie a quell'amore, in anni di silenzio e di grandi disperazioni tenute per me stessa, non solo ero diventata mamma, non una ma tre volte, e non solo avevo nutrito i miei figli con il latte che usciva dal mio petto, ma li avevo chiamati per nome – così come ha detto l'Arcivescovo poco fa: il nome, il nome, il nome, il nome. Li chiamavo col loro nome, il che significava che non erano numeri, che non erano "nessuno": erano nomi, persone, vita unica e insostituibile.

Ma quando poi sono nati i miei nipoti, l'esperienza d'amore si è moltiplicata!

Devo dire che diventare nonni è una delle cose più belle del mondo. Quando la gente mi ferma per strada e dice: "Lei è la signora Segre, la senatrice!", io rispondo subito: "Io sono una nonna!".

Sono la nonna dei miei tre nipoti meravigliosi e sono loro che mi danno la forza di non essere pessimista. Sono loro il futuro e sono loro che hanno altri nomi, altre vite, hanno nuove speranze e non devono vivere lamentandosi e non devono pensare che dopo, più avanti, si andrà solo verso le cose più brutte. Anche su questo sono d'accordo con monsignor Delpini.

Diventare nonna ha voluto dire: "Non posso più tacere, perché ho perso tutto e ho di nuovo tutto, questa è la vita, questo è l'amore, ed è meraviglioso!".

Non è l'odio che ti fa partorire, non è l'odio che ti fa diventare nonna, non è l'odio che ti dà l'amore: è l'amore.

Questa consapevolezza, che grazie alla nascita dei nipoti ha raggiunto la massima intensità, ha vinto un silenzio durato quarantacinque anni. In tutto quel tempo, nessuno osava parlare davanti a me delle solite cose che sappiamo tutti, del fascismo, della guerra... Ricordo che ero persino diventata una specialista nell'ascoltare senza reagire quelli che lamentavano la perdita di un bagaglio, o anche di una bella bella casetta appena ristrutturata che aveva subito dei danni: ero bravissima a non reagire dicendo che io, rispetto a loro, avevo avuto veramente delle disgrazie terribili. Tacevo e mi sembrava quindi di non parlare mai. Di discorrere, sì, ma in realtà di stare sempre zitta. E nessuno se ne accorgeva.

Diventata nonna, ho sentito che non avevo più motivo di tacere e che quelle nuove vite erano un segnale che la vita mi rivolgeva. E cosa mi chiedeva? Di non parlare mai, per nessun motivo, di odio e di vendetta – conoscevo bene quelle parole –, ma di parlare di amore, di parlare di responsabilità verso gli altri. Una responsabilità che è personale: un porre noi stessi una gamba davanti all'altra sulla via dell'amore, senza aspettare che ci sostenga o peggio che ci sostituisca il vicino e senza dare la colpa all'altro dei nostri insuccessi.

Così, devo dire con grande consapevolezza dei miei limiti, cominciai a raccontare. Sapevo bene di non essere un'insegnante, un'educatrice, di non essere niente e nessuno: ero solo una "sopravvissuta", che però aveva tante cose da raccontare *storiche*, cioè verità che non devono essere dimenticate, che devono essere un ammaestramento, fatti che sapevo essere veri e che insegnano con evidenza straordinaria che gli uomini non si devono odiare uno con l'altro, perché siamo tutti uguali.

E allora pian piano, prima con un piccolo gruppo – perché non sapevo se mi sarebbe uscita la voce –, poi con un secondo, poi rispondendo positivamente all'invito di un'amica che insegnava in una scuola e mi fece parlare in una classe… capii che mi usciva, la voce. Da una classe sono passata a due, poi a cinque, poi a istituti interi, poi al Conservatorio a Milano, poi alla Scala, poi a Bologna, al palazzetto dello sport… e poi e poi, senza mai più guardare quante persone avessi davanti, in quanti fossero. Con sempre meno paura e con crescente consapevolezza.

Che avessi a che fare con una sola classe o con cinquemila giovani in una volta, l'importante era che uno di questi ragazzi si ricordasse delle mie parole, che ci pensasse, che studiasse l'argomento, che facesse tesoro del *fatto* che un uomo può essere felice di possedere una carota soltanto, quando è ridotto a essere uno scheletro, e che a molti è capitato di non scegliere nel frigorifero quella cosa speciale che piace tanto, scartando tutto il resto e lasciando che vada a male, senza preoccuparsi di nulla.

Queste piccole grandi cose sono diventate insegnamento: indicazioni di vita, di comportamento concreto. Almeno così ho sperato.

L'ho fatto per trent'anni. Sono andata in pensione da questo "mestiere", diciamo così, due anni fa, quando ho compiuto novant'anni. Pensavo che era ora che stessi a casa. Nel frattempo, però, il Presidente Mattarella aveva già trovato il modo di non farmi stare sempre a casa, come invece avrei tanto desiderato e voluto, e grazie a lui ho cominciato a fare la pendolare tra Milano e Roma, sia pure nei limiti imposti dalla mia età.

Anche in questo nuovo ruolo, ogni volta che ne ho avuta l'occasione, al Parlamento europeo o in Senato, o stasera qui, spero sempre che ci sia un ragazzo, magari uno di quelli meravigliosi che sono qui presenti, che si ricordi che non si deve mai dare per scontato che un altro ti aiuti nel bene, che nella vita puoi essere solo, a volere il giusto, e che non devi aspettare che siano altri a fare il meglio possibile per il bene di tutti. Sei tu, col tuo nome e con la tua coscienza, che non devi odiare e che devi, mettendo una gamba davanti all'altra, andare avanti nella vita facendo il tuo dovere e amando.

In tutto questo, c'è una consapevolezza molto triste, che purtroppo non mi abbandona mai: l'esistenza dell'odio, nel mondo, le sue dinamiche e il suo terribile mistero.

A questo proposito vorrei leggervi due righe di una poesia che ho in parte trascritto e che ho portato con me stasera. È di una scrittrice polacca, una persona molto intelligente. Si intitola *L'odio*.

Si potrebbe dire: cosa c'entra una poesia sull'odio in una serata in cui parliamo di educazione e di scuola e di insegnamenti? Secondo me c'entra tantissimo, ed è per questo che ho copiato queste parole e ve le offro. Perché l'odio serpeggia, oggi più che mai. Serpeggia a livelli bassissimi, ma con danni molto gravi. I bulli non cambiano la scuola, sono i bullizzati che la devono cambiare. I genitori dei bulli li difendono: dopo che questi hanno odiato il bullizzato, l'hanno offeso e umiliato, i suoi li considerano ancora bravi e magari attaccano la scuola che non li sa "tenere", "sorvegliare" e correggere. In questo modo la scuola, contro tutte le migliori intenzioni, diventa una scuola dell'odio.

E la scuola dell'odio può essere ovunque, intorno a noi: se uno posteggia la macchina in un posto dove non deve e trascura i diritti di un disabile, se una persona considera nemici dei migranti che sono venuti qui in cerca della salvezza dalla morte e dal dolore e dalla povertà, la società intera diventa una scuola dell'odio.

Non c'è odio che possa essere rispettato: ecco quanto ci insegnano queste parole. Non c'è odio che possa pretendere di costruire una sua "scuola". Deve sempre essere smascherato, contrastato. È per questo, del resto, che quando sono entrata in Senato ho pensato che se non potevo più parlare nelle scuole potevo però dare un contributo alla legislatura, con qualsiasi maggioranza, con una Commissione che studiasse i fenomeni d'odio e li indicasse come male per tutti, senza distinzioni. Una Commissione che a breve riprenderà i suoi lavori anche con questo nuovo Governo.

Ed ecco il frammento della poesia *L'odio*, di Wisława Szymborska:

Guardate com'è sempre efficiente,
come si mantiene in forma
nel nostro secolo l'odio.
Con quanta facilità supera gli ostacoli.
Come gli è facile avventarsi, agguantare.
Non è come gli altri sentimenti.
Insieme più vecchio e più giovane di loro.
Da solo genera le cause
che lo fanno nascere.
Se si addormenta, il suo non è mai un sonno eterno.
L'insonnia non lo indebolisce ma lo rafforza...

Per me queste parole, che in realtà sono semplicissime, non sono concetti astrusi, filosofici, difficili da interpretare… È l'odio di cui questo tempo è permeato. Ma i lamentosi, quelli di cui con molto interesse ho ascoltato parlare l'Arcivescovo, i lamentosi non lamentano l'odio. Ecco: è questo che secondo me è incredibile di questi tempi che sono permeati di odio e troppo pochi se ne lamentano.

E quando ho fatto il mio discorso in Senato, proprio alla fine di settembre, all'ingresso del nuovo governo, ho usato un termine completamente fuori luogo, completamente vecchio come me, perché non saprei che altro aggettivo usare, che è la parola "mitezza". La auspico anche per i governanti, la auspico lì, proprio in Parlamento, in Senato, perché anche lì abbiamo sentito e visto, a volte sbalorditi, personaggi avventarsi uno contro l'altro per temi di relativa importanza: per il prosecco, per esempio, come se si trattasse di una questione di vita o di morte. Lì abbiamo visto usare odio e rabbia persino su argomenti secondari, abbiamo visto esprimersi un'antipatia completamente sproporzionata alla posta in gioco. E proprio da lì dovrebbe venire l'esempio di una civile convivenza. Penso ovviamente anche alla lettera dell'articolo 3 della nostra santa Costituzione, che dice quanto ognuno di noi abbia il diritto di essere se stesso e il dovere di non fare del male all'altro per nessuno motivo, mai.

E voglio rivolgere un pensiero anche al mio mestiere di madre. Io certamente non sarò stata con i miei una grande educatrice: avendo sperimentato cose terribili e temendo in ogni modo la presenza, nel cuore dei miei figli, di qualsiasi ombra di male, non sono stata una madre permissiva, piuttosto il contrario. Ero quindi una madre piuttosto severa, e penso che i miei figli ne abbiano anche in parte sofferto e che devo farmi perdonare da loro, rispetto a diverse circostanze.

Viceversa, i miei figli, e quelli della loro generazione, che sono presenti questa sera in gran numero, io penso siano stati e siano, nei confronti dei loro figli, sarebbero in questo caso i miei nipoti, di un lassismo preoccupante...

Su questo mi esprimo con prudenza, come deve sempre fare una nonna, rispettando le scelte dei genitori. Ma mi sembra che oggi ai ragazzi tutto sia permesso, tutto sia lecito. L'educatore di una volta, soprattutto il genitore, usava dare anche qualche sculaccione e se ne prendeva la responsabilità: comunicava anche così, a malincuore, l'importanza di certe scelte e la gravità di certi errori. Oggi c'è forse un'eccessiva tendenza a proteggere i piccoli da ogni prova e da ogni tensione, mentre io, quando ero severa, non mi sentivo in colpa, ma ero convinta di servire, in quei momenti, un bene più grande. Anche questo mi sembra un tema da affrontare, ma certamente non in questa serata.

DOMANDE

All'Arcivescovo Delpini

Guardando alla capacità educativa della Chiesa milanese di oggi e pensando alla rete delle sue strutture, agli oratori, alle associazioni e alle diverse iniziative in campo, cosa direbbe, oggi, a suo avviso, don Milani a questa realtà?

Don Milani era un prete che si era posto come missione, nella scuola di Barbiana, di lavorare costantemente sulla parola. Era un luogo aperto tutto il giorno e tutti i giorni dell'anno. Si ascoltava, si leggevano i giornali, si cercava il senso dei vocaboli e si imparava a discutere. Tutto questo perché don

Milani era un uomo che aveva la certezza che l'uomo e la donna si liberano, diventano persone libere se sanno parlare, cioè se sanno esprimere ciò che pensano e se sanno comprendere ciò che dicono gli altri.

Come educatore, quindi, mi pare avesse una sorta di culto della parola. E la sua quindi era una scuola molto filologica, molto dedicata ad acquisire famigliarità con la parola e la capacità di esprimersi. Per lui era decisivo saper dire le parole giuste al momento giusto.

I suoi ragazzi vivevano in un contesto in cui tutto era fatica di vivere, tutto era cose da fare, un contesto in cui i nomi delle cose sparivano davanti alla costante ripetizione dell'opera necessaria e senza altre ragioni che la sopravvivenza. Lui voleva che le parole ci fossero, in mezzo a quella gente, perché altrimenti esse avrebbero continuato a essere un privilegio dei potenti. Metteva in guardia da chi sapeva fare discorsi solenni e li usava per affermare la propria superiorità e sapeva che il povero può difendersi solo se sa parlare.

Tutto questo contiene una lezione anche per me e per noi. Anch'io, nel corso della mia vita, ho studiato le parole, a cominciare dai miei studi di Lettere antiche. E tornando con il pensiero a questa mia fatica e osservandola con lo sguardo di don Milani riscopro un invito importante: non ridurre tutto a emozioni, a quel che sento, a quel che mi viene spontaneo. La parola è un modo per dare un nome alle cose e quindi anche un modo per imparare a distinguere ogni cosa, ogni evento, ogni scelta, ogni sentimento e ogni persona dalle altre.

Riuscire a dare una disciplina al proprio discorso, se ci pensiamo, è un argine all'odio e alla violenza, di cui ci ha parlato con passione la senatrice Segre, perché l'odio è impulsivo. Se un giovane si pone l'obiettivo di imparare a nominare ciò che sente e acquisisce il gusto di farlo come metodo di comprensione di se stesso, del mondo e dei propri obiettivi, allora negherà a se stesso le scorciatoie del pensiero e dell'azione che si accontentano, ad esempio, della legge del più forte, dell'imporsi di argomenti ingannevoli, del cercare l'affermazione di sé invece che la verità di se stessi.

Chi tratta male i più deboli, per intenderci, è un vigliacco, non un vincente. L'esempio è immediato e tra i più intuitivi, ma il percorso è questo, ed è un percorso di liberazione. La parola come percorso di liberazione è la cifra che permette di comprendere il progetto educativo di don Milani. E la parola permette questa liberazione perché supera l'immediatezza dell'emozione e dell'immediata aderenza ai propri istinti e ai propri capricci.

Nel nostro contesto, in cui molto spesso le parole sono usate come risonanza delle forze oscure che sono dentro di noi, per cui spesso sono parole ostili, aggressive, umilianti, don Milani ci dice che la parola è una cosa sacra, essa ci permette di chiamare con il loro nome i sentimenti, le emozioni e i pensieri, ci rende capaci di argomentare per dimostrare che abbiamo le nostre ragioni.

Mi viene domandato cosa può fare la nostra Chiesa di Milano e quale sia la sua forza educativa. Partirei da qui: si tratta di una realtà capillare, presente ovunque. In ogni quartiere c'è una chiesa e un oratorio, che è una scuola e un luogo di incontro. Quindi la prima forza educativa della Chiesa di Milano è la sua presenza visibile tra le case con la sua casa.

E questa casa ha le porte aperte: le attività dell'oratorio e i doposcuola sono a servizio di tutti e tutti lo sanno. D'estate, quando si organizzano gli oratori feriali, i bambini incontrano altri ragazzi più grandi di loro che si mettono al loro servizio, insieme a educatori e responsabili dell'intera iniziativa. Poi ci sono volontari, a cominciare da chi fa da mangiare e così via. Avviene quindi un prezioso scambio di accoglienza, di disponibilità e di generosità, e tutto questo ha una funzione educativa formidabile. Il messaggio essenziale di questo gioioso sforzo di condivisione è l'idea che nella vita io posso servire invece che essere sempre servito dagli altri.

La Chiesa è presente proprio per rendere possibile il servizio vicendevole. Da questo nasce per lei stessa una sfida: dire le ragioni per cui questo servire è bene, è il bene. E il nome di questo bene per lei è Gesù Cristo. Oggi la Chiesa, nella sua normalità, corre il rischio di dire poco le sue ragioni. Molti cristiani fanno il bene, ma faticano a dire in cosa credono, per timore di suscitare resistenze o addirittura polemiche.

Don Milani ha quindi una lezione anche per noi cristiani di oggi: la libertà e la responsabilità della parola per dire bene il motivo per cui facciamo le cose. In questo, ovviamente, dobbiamo migliorare, senza smettere di agire e di servire.

Alla Senatrice Segre

Lei ha concluso il suo intervento accennando alla propria esperienza di madre e oggi di nonna. Ci dica qualcosa in più a proposito di queste esperienze: può darci qualche consiglio, rivolgendolo anche agli educatori, agli insegnanti e ai volontari di tante opere educative?

Dopo aver ascoltato le parole dell'Arcivescovo sul valore delle parole, che condivido pienamente, mi sembra si possa sottolineare l'importanza dell'esempio. Raggiunta una certa età, anche ben prima della vecchiaia, guardando indietro ci rendiamo conto che nella memoria di ciascuno di noi ci sono poche parole, poche ma sacre, e una serie di ricordi di momenti in cui abbiamo assistito a un esempio. La forza dell'esempio è la principale energia educativa, sia che si tratti di singoli episodi, di scelte coraggiose, di decisioni impegnative, sia che si tratti di uno stile di vita.

Se si ha la fortuna di crescere in una famiglia in cui ci si incontra davvero, si condivide, ci si ascolta, per esempio nel momento della cena insieme, questo esempio rimane nel cuore e nella mente.

Il pensiero, qui, va ovviamente al rischio di perdere la voce degli altri restando legati al nostro rapporto con il telefonino. Questo oggetto così stranamente interessante e utilissimo, di cui non possiamo fare a meno, può intaccare le migliori energie di una famiglia e di ogni relazione educativa. Quindi va spento, nei momenti decisivi di condivisione.

Se una famiglia sta affrontando il problema di un figlio in difficoltà e cerca il dialogo con lui, non sarà un bene che la suoneria del cellulare si intrometta continuamente, distraendo dalla fatica di trovare una parola e uno sguardo che costruiscono e dalla fatica dell'ascolto dell'altro. C'è una intimità famigliare che è in se stessa un tesoro prezioso, perché fin da quando il bambino è molto piccolo, e accompagnandolo in ogni fase della sua crescita, è questa il luogo dove egli si sente amato. E se una persona si sente amata, non lo scorda per tutta la vita.

Un pensiero va anche alle famiglie che perdono la loro armonia. Le separazioni sono sempre dolorose e spesso sfociano in conflitti e interminabili contestazioni. Quando si smarrisce la via dell'amore, non c'è nessuna energia che lo possa sostituire. Con l'amore, io credo, si risolve il 99% dei problemi, anche perché l'amore si dà in molti modi e trova mille gesti e mille occasioni.

Io sono una paladina dell'amore e quando dico questa parola mi sembra che le altre mie parole debbano tacere e far spazio all'unica che conta davvero.

All'Arcivescovo Delpini

Lei ci ha parlato di speranza, di costruzione responsabile e fiduciosa del futuro. Come vede lei questo periodo di ripresa dopo la difficile pausa imposta dal Covid a tante attività? E in generale, qual è secondo lei la forza che anima il ripartire nel compito educativo?

La passione educativa è una delle forme d'amore più alte, perché consiste nel rivolgere cura a chi ha bisogno di essere educato senza aspettarsi un riconoscimento, una gratificazione. L'educatore è più un seminatore che un produttore di qualcosa di immediato e di utile.

Si può avere passione educativa, pur sapendo che il frutto dell'educazione non è sotto il nostro controllo, solo se si ama il futuro delle persone educate. Quindi l'educare ha a che fare con l'amore per le persone. Noi genitori, preti, educatori, insegnanti siamo il futuro delle giovani generazioni se riusciamo a testimoniare gratuità.

Si tratta di uno sforzo di dedizione piuttosto esigente, che in situazioni di stanchezza o di ostacolo – è accaduto ad esempio nel periodo della pandemia – può rallentare fortemente e perdere vigore ed efficacia. Come si riaccende la passione educativa? Io credo che non basti il semplice volontarismo. Non basta dire: "Io sono un papà, quindi devo educare i miei figli, è un mio dovere". Certo, occorre impegnarsi ed essere responsabili, non bisogna fuggire dalle sfide della vita, ma una persona riprende a offrire educazione con passione quando recupera la stima di sé.

Questo mi sembra il punto essenziale: quando scopro e riscopro che io sono una persona che ha qualcosa da dire, qualcosa da indicare, qualcosa da testimoniare, allora riaccendo in me la passione educativa, che diventa addirittura più forte di me e delle mie stanchezze e resiste alle fasi di oggettiva difficoltà.

In quel momento l'educatore riscopre che egli non è chi ha capito tutto, né chi sa risolvere tutti i problemi, ma è colui che ha stima di sé in base all'esperienza della propria vita. Egli ha superato delle prove e ha imparato qualcosa dalla propria esistenza.

Ecco perché sono d'accordo con la senatrice Segre, quando sottolinea ed esalta il ruolo dell'esempio. La mia capacità di contrastare il male e di insegnare il bene perché lo vivo e si vede nasce dalla percezione della propria dignità. È questa percezione che ci abilita a consegnare qualcosa di prezioso alle generazioni future.

Un altro aspetto che vorrei sottolineare, a proposito del rivitalizzare l'impegno educativo, è l'importanza del "fare rete", come si usa dire oggi. Nessuna famiglia dovrebbe sentirsi isolata, nel suo servizio educativo. Quando questo accade, si finisce per vivere questa cura come un compito gravoso e impossibile, come l'esercizio di una specie di professionalità, come se si trattasse di eseguire le indicazioni di un manuale. L'educazione, invece, è un coinvolgimento personale che condividiamo non a caso con altri genitori e altri educatori. I ragazzi e i giovani, del resto, ci ricordano continuamente questa dimensione comunitaria e sociale del vivere, perché amano l'amicizia, la compagnia, il confronto e la solidarietà.

Apprezzo quindi, ad esempio, l'idea della parrocchia in cui ci troviamo di proporre una "Scuola genitori". Essa non è il luogo dove si forniscono soluzioni già pronte, che basterebbe applicare per ottenere risultati certi, ma è anzitutto un luogo di confronto serio, impegnato, ricco di sollecitudine, ma anche capace di alimentare una essenziale serenità.

Dediti al loro servizio educativo, i genitori la sera magari andranno a letto dicendo una preghiera per i propri figli, consapevoli dei propri limiti e della posta in gioco, ma dormiranno anche sonni tranquilli. Chi ha fede, infine, penserà sempre che il Signore ama i propri figli più e meglio di quanto non riesca a fare lui. E sarà lui a condurli su inattese strade della vita.

APPENDICE

Liliana Segre

Discorso al Parlamento europeo nel settantacinquesimo anniversario della liberazione di Auschwitz (29 gennaio 2020)

Saluto dell'onorevole David Sassoli Presidente del Parlamento europeo

Noi tutti siamo qui oggi a esprimere la nostra riconoscenza alla senatrice Liliana Segre, che è qui con noi per consegnarci la sua testimonianza.

Quando Gilles Deleuze affermava di scrivere per gli analfabeti, non intendeva dire che scriveva perché gli analfabeti leggessero, ma che scriveva al posto degli analfabeti di cui si faceva portavoce. Lo stesso accade per chi ha perso la vita ad Auschwitz. E oggi, in quest'aula dove si esprime la democrazia europea, noi testimoniamo per quei morti, assumendo il dovere di trasmissione che il loro sacrificio ci ha implicitamente assegnato.

Auschwitz è indicibile, ma voglio credere che la testimonianza di coloro i quali hanno visto l'indicibile riesca a muovere i nostri cuori e a ispirare l'etica delle nostre azioni, affinché ciò non avvenga mai più.

Ascoltiamo dunque la voce della signora Segre, a cui cedo la parola. Con lei saremo più forti nel sostenere la nostra testimonianza contro l'indifferenza ed è un grande onore, signora, che oggi lei sia qui. È un grande dono anche per noi che lei sia riuscita a sopravvivere ad Auschwitz e a consentirci di conoscere per non dimenticare.

"Siate farfalle che volano sopra il filo spinato"

Devo per forza cominciare con i ringraziamenti, all'amico David Sassoli che mi ha invitato qui oggi, a tutto il Parlamento. Vorrei anche salutare i parlamentari inglesi che ci stanno lasciando*, con grande dispiacere di tutti.

Non posso nascondere l'emozione profonda nell'entrare in questo Parlamento, dove si parla, si discute, ci si guarda negli occhi, dopo aver visto all'ingresso le bandiere colorate di tanti Stati affratellati. Non è stato sempre così.

Alla giornata del 27 gennaio a volte è stata data un'importanza che in fondo non ha. Auschwitz non è stata liberata quel giorno. Quel giorno l'Armata Rossa vi è entrata, ed è molto bella la descrizione che fa Primo Levi ne *La tregua* dei quattro soldati russi che non liberarono il campo, i nazisti erano già scappati da giorni, ma si trovarono di fronte a uno spettacolo

* La senatrice fa riferimento alla decisione assunta dal popolo del Regno Unito di uscire dall'Unione Europea con il referendum del 23 giugno 2016. Essa è diventata un atto ufficiale dal 31 gennaio 2020.

incredibile, al momento solo ai loro occhi, che molto più tardi diventò uno spettacolo incredibile per tutti coloro che lo vollero guardare. Ancora oggi c'è qualcuno non lo vuole vedere.

Questo stupore per il male altrui – parole straordinarie di Levi – nessuno che è stato prigioniero ad Auschwitz l'ha potuto mai dimenticare un secondo della sua vita.

Il 27 gennaio avevo 13 anni ed ero operaia schiava nella fabbrica di munizioni Union, fabbrica che c'è tutt'ora: facevamo bossoli per mitragliatrici. Di colpo, in fabbrica – dopo che avevamo sentito scoppi lontani, lavoravamo nella città di Auschwitz e sapevamo che le cose stavano succedendo a Birkenau dove ero stata fino a pochissimo tempo prima – arrivò il comando immediato di cominciare quella che venne chiamata la "Marcia della morte".

Io non fui liberata il 27 gennaio dall'Armata Rossa, io facevo parte di quel gruppo di più di 50 mila prigionieri ancora in vita obbligati in quelle condizioni fisiche, per non parlare di quelle psichiche, a una marcia che durò mesi e di cui si parla pochissimo.

Quando parlo nelle scuole da nonna, come faccio da trent'anni a questa parte, dico che ognuno nella vita deve mettere una gamba davanti all'altra, che non si deve mai appoggiare a nessuno perché nella "Marcia della morte" non potevamo appoggiarci al compagno vicino che si trascinava nella neve con i piedi piagati come noi e che veniva finito dalle guardie della scorta se fosse caduto. Ucciso.

Come si fa? Come si fa in quelle condizioni? La forza della vita è straordinaria, è questo che dobbiamo trasmettere ai giovani di oggi che sono mortificati dalla mancanza di lavoro, dai vizi che ricevono dai loro genitori molli, per cui tutto è concesso. La vita non è così. La vita ti prepara alla marcia che deve diventare marcia per la vita. Noi non volevamo morire, eravamo pazzamente attaccati alla vita, qualunque fosse, per cui proseguivamo una gamba davanti l'altra, buttandoci nei letamai, mangiando qualsiasi schifezza, anche la neve che non era sporca di sangue.

Era il male altrui. Le finestre erano chiuse.

Prima attraversammo la Polonia e la Slesia, poi fu Germania. Dopo mesi e mesi, passando altri lager, altri orrori, altri mali, arrivammo allo Jugendlager di Ravensbrück. Eravamo giovani, ma sembravamo vecchie, senza sesso, senza età, senza seno, senza mestruazioni, senza mutande. Non si deve avere paura di queste parole perché è così che si toglie la dignità a una donna. È così.

Abituate oramai a sopravvivere, giorno dopo giorno, campo dopo campo, mi trovai alla fine del mese di aprile del 1945: pensate quanto era lontano il 27 di gennaio. Pensate quante compagne erano morte in quella marcia, mai soccorse, perché quasi nessuno aprì la finestra o ci buttò un pezzo di pane.

C'era la paura, la paura che faceva sì che la scelta fosse di pochissimi.

Non si parla quasi mai di questi esseri straordinari che fecero la scelta del bene, si dà per scontato che popoli interi siano stati colpevoli. Non fu solo il popolo tedesco, fu tutta l'Europa occupata dai nazisti, parliamo della Francia, parliamo dell'Italia, dove i nostri vicini di casa furono degli aiuti straordinari dei nazisti. In Italia i nostri vicini di casa ci denunciavano, prendevano possesso del nostro appartamento, del nostro ufficio, anche del cane, se era di razza.

Questa parola, razza, la sentiamo ancora dire e per questo dobbiamo combattere il razzismo strutturale che c'è ancora.

La gente mi chiede come mai si parli ancora di antisemitismo. Va bene che sono vecchissima, nel mio novantesimo anno d'età, ma certo non so perché c'è ancora l'antisemitismo, il razzismo. Io rispondo che c'è sempre stato, ma non era ancora arrivato il momento politico per tirare fuori il razzismo e l'antisemitismo insiti nell'animo dei poveri di spirito. È così.

Poi, però, arrivano i momenti più adatti, corsi e ricorsi storici, in cui ci si volta dall'altra parte, in cui è più facile far finta di niente, guardare il proprio cortile. E allora tutti quelli che approfittano di questa situazione trovano il terreno fertile per farsi avanti.

La condizione degli ebrei fu analoga, di fatto se non di diritto, nei Paesi alleati occupati dai nazisti; erano stati, e si erano profondamente sentiti, cittadini, patrioti tedeschi, italiani, francesi, ungheresi. Si erano battuti nelle guerre. Io mi ricordo mio padre e mio zio che erano stati ufficiali nella Prima guerra mondiale. Quanti ebrei tedeschi piangevano, si suicidarono perché si sentivano tedeschi più di ogni altra cosa. L'espulsione dalle comunità nazionali fu dolorosissima, andava al di là delle leggi: era appunto il tuo vicino di casa che ti allontanava. Io, una bambina diventata invisibile.

Quando subito dopo la guerra per caso restai viva e tornai nella mia Milano con le macerie ancora fumanti, incontrai delle compagne di scuola che non mi avevano più visto: nel 1938 avrei dovuto frequentare la terza elementare, ma eravamo evidentemente un pericolo così grave per fascisti e nazisti che decisero di allontanare i bambini di quella piccola comunità di ebrei italiani – trenta, quarantamila persone, per un terzo vittime della Shoah – che era assolutamente integrata nella società.

Queste compagne mi chiesero: "Dove sei andata a finire che non ti abbiamo più vista a scuola?" Io ero una ragazza ferita, selvaggia, che non sapeva più mangiare con forchetta e coltello, ancora abituata a mangiare come le bestie. Ero bulimica, ero disgustosa, ero criticata anche da coloro che mi volevano bene: volevano di nuovo la ragazza borghese dalla buona educazione familiare.

È difficile ricordare queste cose e devo dire che da trent'anni parlo nelle scuole e sento ormai come una difficoltà psichica forte a continuare, anche se il mio dovere è, sarebbe questo, fino alla morte, considerato che io ho visto quei colori, ho sentito quegli odori, quelle urla, ho incontrato delle persone in quella Babele di lingue che oggi non posso che ricordare qui, dove tante lingue si incontrano in pace.

Nei campi era possibile comunicare con le compagne che venivano da tutta l'Europa occupata dai nazisti solo trovando parole comuni, altrimenti c'era la solitudine assoluta del silenzio, la costrizione di non poter scambiare una parola con l'altro che derivava da un qualche isolamento ancestrale di comunità che non si erano riunite in Parlamenti, visto che l'Europa da secoli litigava in modo spaventoso.

Le bandiere qui fuori, di cui parlavo all'inizio, mi hanno fatto ricordare quel desiderio di trovare con olandesi, francesi, polacche, tedesche e ungheresi una parola comune. In ungherese ho imparato una sola parola, "pane". È la parola principale, che vuol dire fame ma che indica anche la sacralità di una cosa oggi sprecata senza nemmeno guardare cosa si butta via.

Da almeno tre anni sento che i ricordi di quella ragazzina che sono stata non mi danno pace. Non mi danno pace perché da quando sono diventata nonna del primo dei miei tre nipoti, trentadue anni fa – il Parlamento europeo e la mia non estinzione mi paiono lo stesso miracolo, oggi – quella ragazzina che ha fatto la "Marcia della morte", che ha brucato nei letamai, che non piangeva più, è un'altra persona da me: io sono la nonna di me stessa.

Quando mi rivolgo ai miei nipoti che hanno un dispiacere d'amore, di studio, per il mancato raggiungimento di qualcosa che avrebbero voluto raggiungere, sono amorosa, presente, grata dal fatto di essere anche nonna – miracolo eccezionale per una che doveva morire – allo stesso modo sono nonna anche di me stessa, di quella ragazzina.

È una sensazione che non mi abbandona.

È mio dovere parlare nelle scuole, testimoniare. Non posso che parlare di me e delle mie compagne. Sono io che salto fuori; è quella ragazzina magra, scheletrita, disperata, sola. E non la posso più sopportare perché sono la nonna di me stessa e sento che se smetto di parlare, se mi ritiro per il tempo che mi resta a ricordare da sola e a godere delle gioie della famiglia ritrovata, non lo potrò più fare. Perché non ce la farò più.

Anche oggi fatico a ricordare, ma mi è sembrato un grande dovere accettare questo invito per ricordare il male altrui. Ma anche per ricordare che si può, una gamba davanti all'altra, essere come quella bambina di Terezin – lì potevano fare le recite, colorare con i pastelli: poi, un giorno i bambini furono deportati e uccisi ad Auschwitz per la sola colpa d'esser nati – che disegnò una farfalla gialla che vola sopra i fili spinati.

Io non avevo le matite colorate e forse non avevo, non ho mai avuto, la fantasia meravigliosa della bambina di Terezin.

Che la farfalla gialla voli sempre sopra i fili spinati.

Questo è un semplicissimo messaggio da nonna che vorrei lasciare ai miei futuri nipoti ideali. Che siano in grado di fare la scelta. E con la loro responsabilità e la loro coscienza, essere sempre quella farfalla gialla che vola sopra ai fili spinati.

Mons. Mario Delpini
Arcivescovo di Milano

Discorso alla città (6 dicembre 2021)

"... *CON GENTILEZZA – VIRTÙ E STILE PER IL BENE COMUNE*"

Sant'Ambrogio, *De officiis ministrorum*, II, 29-30*

Preoccupiamoci di guadagnarci con ogni impegno la stima e la buona opinione altrui e di conquistarci con la serenità della mente e la benignità dell'animo l'affetto degli uomini.

* Brano letto durante la celebrazione del vespro, che fa da ambito liturgico del discorso dell'Arcivescovo rivolto alle autorità e ai cittadini di Milano.

La bontà, infatti, è accetta e gradita a tutti, e non c'è nulla che più facilmente penetri nel cuore umano. Quando si accompagna alla dolcezza e alla mitezza del carattere, oltre alla moderazione nel comando e all'affabilità nel parlare, all'efficacia nell'esprimersi e anche al paziente ascolto nella conversazione e al fascino della modestia, riesce a guadagnarsi un affetto di incredibile intensità.

Dalla storia sappiamo, non solo nel caso dei privati cittadini, ma anche a proposito degli stessi re, quale vantaggio abbia loro recato la gentilezza d'un'accattivante affabilità o, al contrario, quale danno la superbia e la tracotanza nel parlare, così da mettere in pericolo gli stessi regni e distruggerne la potenza.

Introduzione

Ambrosiani anche in questo tempo

Tra i cristiani di Milano divisi e aggressivi, Ambrogio fu uomo di pace con la sua autorevolezza e serietà, con la sua parola persuasiva e vera. In un tempo di lotte di potere, di imperatori deboli e di usurpatori violenti, Ambrogio fu presenza lucida e operatore di riconciliazione. In un tempo di imperatori autoritari e di decisioni spietate Ambrogio fu voce di Dio, pagina di Vangelo per invitare a conversione.

In questo nostro tempo confuso, di frenetica ripresa e profonda incertezza, che tende a censurare un vuoto interiore, chi ha la responsabilità del bene comune è chiamato a essere autorevole punto di riferimento con discorsi seri e azioni coerenti, con la saggezza di ricondurre le cose alle giuste dimensioni, di sorridere e di far sorridere.

In un tempo di suscettibilità intrattabile e di esplosioni di rabbie irrazionali, chi ha responsabilità deve tenere i nervi saldi, esercitare un saggio discernimento per distinguere i problemi gravi e i pretesti infondati.

In un tempo di clamori esagerati per minuzie e di silenzi imposti dal politicamente corretto, chi ha a cuore il bene presente e futuro del nostro convivere ha il dovere di cercare informazioni affidabili e documentazione onesta, per evitare clamore e distrazioni.

In un tempo di aggressività pubblica e privata, di drammi terribili tra le mura di casa e di violenze crudeli, chi si cura della giustizia e della difesa dei deboli deve cercare di capire, di prevenire, di porre condizioni per arginare reazioni furiose e comportamenti delittuosi.

In un tempo di fatica esistenziale per tutti, per il crescere dell'ansia, a seguito della interminabile pandemia, occorre uno stile nell'esercizio dei ruoli di responsabilità che assicuri e rassicuri, che protegga e promuova, che offra orizzonti di speranza, anticipando, nella fermezza e nella gentilezza, il senso promettente e sorprendente della vita, con un agire non tanto e non solo solidale ma sinceramente fraterno.

L'esercizio della responsabilità richiede una dura ascesi per coniugare fermezza e gentilezza, giudizio sulle azioni e rispetto per le persone, pazienza e determinazione, pensiero lucido e parola amabile.

L'icona biblica che può ispirare la gentilezza nell'esercizio della responsabilità è la figura di Davide, "figlio di Iesse il Betlemmita: egli sa suonare ed è forte e coraggioso, abile nelle armi, saggio di parole, di bell'aspetto, e il Signore è con lui" (*1Sam* 16,18). Davide abbatte il gigante ed è vittorioso in battaglia e sa calmare la furia di Saul dominato dallo spirito cattivo (cfr. *1Sam* 16,23); risparmia Saul che lo insegue accecato dalla gelosia (cfr. *1Sam* 24; *1Sam* 26), intona il lamento per Saul e Gionata, caduti in battaglia (cfr. *2Sam* 1,17ss), sopporta gli insulti di chi lo maledice (cfr. *2Sam* 16,5ss), è straziato dal dolore per la morte del figlio Assalonne, anche se ribelle e intenzionato a usurpare il trono (cfr. *2Sam* 19,1-9).

L'esercizio della responsabilità richiede molte virtù: l'onestà, il discernimento, la prudenza, la fortezza, la mitezza, il senso dell'umorismo e alcune che mi sembrano particolarmente necessarie oggi, come la lungimiranza, la stima di sé e la resistenza. Ma per il servizio al bene comune, insieme a queste virtù è necessario uno stile che forse possiamo definire con la virtù della gentilezza. Per gentilezza non intendo solo le "buone maniere", ma quell'espressione della nobiltà d'animo in cui si possono riconoscere la mitezza, la mansuetudine, la finezza nell'apprezzare ogni cosa buona e bella, la fermezza nel reagire all'offesa e all'insulto con moderazione e pazienza.

Papa Francesco nell'enciclica *Fratelli tutti*, parlando della "rivoluzione della gentilezza", ci ha invitato a recuperarla con molta determinazione (nn. 222, 223 e 224): "La gentilezza è una liberazione dalla crudeltà che a volte penetra le relazioni umane, dall'ansietà che non ci lascia pensare agli altri, dall'urgenza distratta che ignora che anche gli altri hanno diritto a essere felici. [...] Eppure ogni tanto si presenta il miracolo di una persona gentile, che mette da parte le sue preoccupazioni e le sue urgenze per prestare attenzione, per regalare un sorriso, per dire una parola di stimolo, per rendere possibile uno spazio di ascolto in mezzo a tanta indifferenza".

Chiediamo l'intercessione di sant'Ambrogio nostro patrono per imparare e praticare le virtù del buon governo e lo stile della gentilezza.

I – *La lungimiranza*

Chi ha responsabilità nella vita della città e di ogni comunità non può sottrarsi alla pressione dell'urgenza per le emergenze che talora scuotono il convivere degli uomini e delle donne. Succede, però, che il singolo individuo, incline a pensare solo a sé e a ritenersi il centro dell'universo, secondo un individualismo troppo diffuso e troppo approvato, ritenga che i suoi desideri, bisogni, pretese, tutto sia legittimo e urgente.

La saggezza suggerisce di avere tempo e animo per considerare le situazioni e le richieste, le proteste e le pretese con un certo distacco per distinguere nell'immediato le emergenze vere e le urgenze artificiosamente create. Nello stesso tempo la saggezza richiede l'attitudine e la pratica della lungimiranza.

Per guardare oltre l'immediato e individuare le vie da percorrere sono una grande risorsa i risultati degli studi, la raccolta dei dati e la loro interpretazione, la collaborazione tra le accademie e i politici, tra uomini e donne di esperienza e gli amministratori, tra persone di pensiero e chi deve formulare leggi e decisioni.

In questo servizio alla pratica della lungimiranza nella nostra terra la voce della Chiesa e del suo vescovo offre con convinzione e modestia il proprio contributo. Mi sento in dovere di proporre alcune priorità per condividere attenzioni e incoraggiare provvedimenti pertinenti.

1. La priorità: promuovere la famiglia

La promozione delle condizioni che rendano desiderabile e possibile la formazione delle famiglie è la priorità irrinunciabile. La famiglia è principio generativo della società se è stabile, se trova nella società condizioni di vita serene, sane, per la disponibilità di case accessibili, per occasioni di lavoro propizie, per il sostegno necessario alla paternità e alla maternità responsabili, per alleanze educative che rendano l'educazione l'impresa comune che semina in città un futuro desiderabile. Troppi drammi si consumano tra le mura domestiche per troppa solitudine, per troppa aggressività, per troppi problemi che non trovano una mano tesa ad aiutare.

Pensando alla priorità da dare alla famiglia rifletto anche sulla necessità di promuovere e di curare la gentilezza nella relazione tra marito e moglie, il rapporto tra l'uomo e la donna come rapporto di reciprocità, nella pari dignità e nella valorizzazione della differenza. Quanto è importante per i figli poter vedere i genitori che si trattano con gentilezza, anche nell'affrontare le tensioni che inevitabilmente emergono in famiglia. L'alleanza nella famiglia tra l'uomo e la donna, nella stima e nella gentilezza reciproche, è una promessa di bene per i figli.

La città invecchia, popolata da troppi rapporti spezzati. La città intristisce senza la festosa voce di bambini che giocano. La città si innervosisce, intrappolata in un'eccessiva frenesia di risultati che non lascia tempo per le domande e per gli affetti.

La crisi demografica che minaccia di condannare all'estinzione la nostra popolazione non si risolve solo con l'investimento di risorse materiali in incentivi e forme di assistenza, ma certo se gli investimenti e i provvedimenti, la legislazione e le delibere sono orientati a favorire chi preferisce non farsi una famiglia, non avere figli, chi vorrebbe formarsi una famiglia e avere figli si sentirà più solo.

È necessaria però una mentalità nuova, una proposta di ideali di vita che sia offerta con la gentilezza della testimonianza, con l'argomento persuasivo della gioia di famiglie che donino con i figli e le figlie un futuro alla città. Le famiglie chiedono che nelle istituzioni si riconosca il volto gentile dell'alleanza piuttosto che la complicazione e la freddezza della burocrazia.

Forse qualche cosa del sorriso dei nonni può contribuire a stemperare le tensioni e le fatiche e può indicare come sia praticabile lo stile della gentilezza e dell'abitudine al sorriso persino a Milano, persino nelle riunioni di condominio. Forse qualcosa del senso pratico della nostra gente può contribuire a cancellare la retorica e a porre rimedio alla litigiosità e all'inconcludenza di certa pratica politica sul tema della famiglia.

2. L'emergenza: offrire ai giovani buone ragioni per desiderare di diventare adulti

L'emergenza educativa deve richiamare l'attenzione di tutti non solo nello sconcerto di episodi di cronaca impressionanti per aggressività, degrado, depressione. La stagione indefinita del Covid-19 ha diffuso, soprattutto negli adolescenti e nei giovani, svariate forme depressive, con un aumento considerevole dei disturbi alimentari sino alle forme estreme della bulimia, dell'anoressia, del buttar via la vita nei rischi estremi e nel suicidio.

È urgente consolidare un'alleanza per accompagnare le giovani generazioni verso il loro futuro. Mi sembra di raccogliere l'impressione di un'impotenza a proposito dell'educazione dei giovani. Sembra che abbiamo tutti i mezzi per spingere avanti i giovani, per predisporre condizioni propizie per realizzare ogni desiderio, ma non siamo in grado di dire verso dove convenga andare, non siamo in grado di dimostrare con semplicità, sincerità e gentilezza che vale la pena di diventare adulti.

Il clima lamentoso e scontento, la predisposizione a preferire la critica alla proposta, una sorta di complesso di inferiorità verso la tecnologia in cui i giovani sono nati sembrano lasciare il messaggio che l'esperienza degli adulti è poco utile, i risultati conseguiti hanno avuto un prezzo troppo alto nell'impatto ambientale e sociale, i debiti accumulati pesano come una minaccia sul futuro.

L'alleanza educativa non potrà essere solo la stesura di protocolli, il reperimento di risorse. Siamo chiamati a un'alleanza intergenerazionale che sia accompagnamento, incoraggiamento, proposta di un camminare insieme verso la terra promessa. Offrire una speranza è, infatti, la prima opera educativa e motivare la stima di sé è la condizione per convincere a intraprendere il viaggio della vita. Occorre, dunque, consolidare gli itinerari della fiducia (del fidarsi e dell'affidarsi) per offrire testimonianza che la vita buona è possibile e auspicabile, che la vita ci consegna, anche nella fatica della crescita, il volto della sorpresa e della promessa.

In riferimento all'emergenza educativa, o al pericolo di una "catastrofe educativa", come si esprime papa Francesco, in questo tempo tribolato, penso all'importanza del ruolo educativo e formativo delle scuole nei diversi ordini e gradi. Nella scuola si incontrano stabilmente le generazioni, i ragazzi imparano non solo nozioni, ma a relazionarsi con gli altri; tutte le famiglie, così come sono, possono trovare in essa un punto di confronto. In quell'intreccio dell'umano che è la scuola, ognuno è chiamato a vivere, imparare e trasmettere gentilezza in tutte le relazioni per promuovere vita buona.

È necessario che le famiglie e le istituzioni siano alleate per contrastare le forze che insidiano e rovinano i giovani con le sostanze che creano dipendenza, con la pornografia, con la tolleranza per forme di bullismo, di abusi, di trasgressione delle regole del convivere.

Ma la motivazione alle scelte promettenti per la vita richiede non solo la minaccia di castighi: piuttosto è essenziale quella gentilezza della conversazione che trasmette la persuasione che la vita è una vocazione, non un enigma incomprensibile, che il futuro è promessa e responsabilità, non una minaccia, che ciascuno, così com'è, è adatto alla vita, è all'altezza delle sfide, è degno di essere amato e capace di amare.

La gentilezza della conversazione è capace di quell'umorismo milanese che sdrammatizza con benevolenza, corrode i miti del grandioso, sa prendere le distanze dalle mode imposte dai social, si prende gioco della presunzione e dell'esibizione.

3. Le sfide: ambiente e lavoro

Nell'agenda pubblica, nell'attenzione responsabile di aziende e istituzioni educative, nella sensibilità diffusa tra le generazioni più giovani, i temi dell'ambiente trovano una sensibilità vivace, persino arrabbiata e risentita verso le generazioni adulte che hanno depredato e rovinato il pianeta.

Le vicende recenti hanno messo in evidenza sensibilità diverse diffuse nelle varie aree del pianeta e nelle diverse situazioni dei popoli.

La settimana sociale dei cattolici che si è svolta a Taranto in ottobre, *Il pianeta che speriamo. Ambiente, lavoro, futuro. #tuttoèconnesso*, ha messo in evidenza la tensione tra la difesa dei posti di lavoro e delle attività produttive e la salvaguardia dell'ambiente.

La nostra terra è in grado di mostrare come i due beni da custodire e promuovere si possano conciliare. Le buone prassi diffuse chiedono di essere conosciute e valorizzate non come laboratori specifici e appartati, ma come una metodologia per bonificare l'intero sistema produttivo e una sollecitazione a stili di vita personali e comunitari adeguati.

I temi sono spesso affrontati con toni aspri e rivendicativi. La gentilezza fa immaginare percorsi più concordi, rispettosi, costruttivi. La gentilezza è il motore delle comunità Laudato si' che in modo spontaneo ed efficace nascono nella nostra diocesi.

I discorsi solenni, la proclamazione dei princìpi e delle intenzioni, la durezza delle denunce, la formulazione di normative rigorose sono forse interventi inevitabili. Rischiano, però, di essere inefficaci o di inserire ulteriori complicazioni nella burocrazia. L'esito è talora che i piccoli sono perseguiti per piccole trasgressioni, mentre i potenti proseguono imperturbati in scelte spietate nei confronti dei lavoratori e in prassi rovinose per l'ambiente.

È piuttosto necessaria la gentilezza del rapporto che percorre le vie della persuasione, degli argomenti, della ragionevolezza. È necessario promuovere nell'opinione pubblica una sensibilità che con l'apprezzamento incoraggi le buone pratiche e con la critica e con scelte di stili coerenti disapprovi i comportamenti che sono di danno al bene comune.

I temi ambiente e lavoro chiedono di allargare l'attenzione e l'azione agli aspetti culturali, educativi e di orientamento coinvolgendo le scuole professionali e le famiglie, con la consapevolezza di dover avviare processi ispirati a un rinnovato umanesimo cristiano: la concezione del lavoro nel rapporto figli-genitori, l'alleanza famiglia-sistema formativo per l'educazione dei giovani, la collaborazione efficace tra agenzie formative e imprese, lo sviluppo sostenibile e inclusivo che coniughi profit e no-profit e valorizzi il partenariato tra pubblico e privato.

Lo sviluppo di questi temi può trovare nel territorio contesti propizi, perché ho constatato una grande disponibilità delle amministrazioni locali, delle aziende, delle iniziative formative e della comunità cristiana; in particolare, la pastorale sociale esprime la sua creatività nel promuovere queste alleanze e tale collaborazione nel pensare, nel prevedere, nel compiere passi concreti.

La gentilezza si serve anche dell'umorismo, dell'ironia, del paradosso, dei linguaggi della pubblicità: forme di comunicazione che sono talora più persuasive di interi trattati e di animose invettive.

II – *La fierezza*

1. Non lasciamoci cadere le braccia

La complessità delle situazioni, l'insistenza della comunicazione pubblica e dei social nel gridare la gravità dei problemi, nel mettere in evidenza fatti di cronaca orribili e sentimenti di rabbia inducono a un senso di scoraggiamento, di rinuncia, di sfiducia nel futuro e nell'umanità.

Noi, però, celebriamo sant'Ambrogio come patrono e dichiariamo che fa parte della nostra identità ambrosiana il trovarsi a proprio agio nella storia.

Non possiamo essere rinunciatari perché siamo consapevoli di essere al mondo non per essere serviti, ma per servire: la vita è una missione, non l'aspettativa che siano soddisfatte le nostre pretese. Non possiamo chiuderci in noi stessi, costruendo mura per la nostra sicurezza, perché siamo convinti che la sicurezza di un popolo, di una città, di una famiglia, di una persona non dipenda dal suo isolamento, ma dalle relazioni di buon vicinato e dalle alleanze da stabilire e da onorare.

Non possiamo limitarci alla denuncia e all'aspettativa che qualcuno faccia qualcosa, e ci infastidisce il lamento, perché siamo coscienti dei talenti ricevuti e fieri di poterli trafficare per continuare a scrivere una storia che meriti di essere raccontata.

2. La riconoscenza

Questo atteggiamento costruttivo e intraprendente merita la gratitudine di tutti. E io mi faccio voce della gente che ringrazia coloro che si fanno avanti per assumersi responsabilità nella nostra vita sociale.

I milanesi sono già "bauscia" per conto loro e non hanno bisogno dei miei complimenti, ma la speranza di questa nostra terra ospitale è che tutta la gente che vive a Milano faccia proprie le virtù dei milanesi e cerchi di evitare i loro difetti, perché questa terra vive per il contributo di tutti.

Ringrazio coloro che si sono resi disponibili per ruoli amministrativi: i sindaci, i funzionari della pubblica amministrazione, le forze dell'ordine, tutti coloro che dirigono le nostre istituzioni, le scuole, gli ospedali, gli operatori del sociosanitario, gli operatori di prossimità, i sindacati.

Ringrazio coloro che nella loro professione sono animati da intenzioni e realizzano programmi che sono di pubblica e privata utilità, che sanno unire con equilibrio il proprio interesse e il bene di tutti: imprenditori, docenti, liberi professionisti.

Ringrazio il popolo innumerevole dei volontari che dedicano tempo, competenze, passione per aiutare le persone fragili, per tenere vive iniziative e istituzioni educative, come gli oratori, le attività sportive, le proposte culturali.

Ringrazio il popolo numerosissimo che si dedica all'ascolto e alle risposte al bisogno, che anima e sostiene le iniziative di carità.

Ringrazio tutti coloro che vivono con onestà, impegno, fiducia i rapporti ordinari e che contribuiscono a dare della nostra città e del nostro territorio l'immagine di una società in cui è possibile una vita buona.

E ringrazio della gentilezza: perché è il tratto necessario a creare un clima costruttivo e a rendere più sciolti i compiti, le responsabilità, il lavoro quotidiano di noi tutti. La gentilezza si esprime nel trattare gli altri con rispetto, nell'apprezzare il bene che si compie, nel ringraziare per il lavoro ben fatto.

Anche quando il bene è compiuto da avversari politici o da persone antipatiche, anche quando si devono denunciare le cose storte e criticare scelte sbagliate, si può dissentire senza insultare, si può provvedere con fermezza ma senza disprezzo, si può correggere senza disprezzare.

3. Promuovere la partecipazione

Noi che siamo grati per il bene che si compie e fieri della nostra tradizione ambrosiana abbiamo anche la responsabilità di promuovere la partecipazione di tutti alla vita delle comunità e dell'intera società civile. Perciò dobbiamo contrastare alcune tendenze in atto e alcuni atteggiamenti.

La scarsa partecipazione degli elettori nelle elezioni amministrative da poco celebrate in alcuni comuni è un segnale allarmante e l'opera educativa e la sensibilità sociale di molti devono essere un invito, una sollecitazione per tutti.

I cittadini non sono clienti, e nessuno deve solo essere aiutato o essere tollerato. L'attenzione alle persone fragili non è soltanto beneficienza: anche chi è fragile ha risorse da offrire e doni da condividere. L'accoglienza di persone che vengono da altri Paesi non è solamente accoglienza: ogni cultura, ogni persona, ogni tradizione offre un contributo per la società di domani, la Chiesa di domani, la comunità di domani.

L'attenzione ai giovani non è solo accondiscendenza alle loro aspettative:

soprattutto i giovani non devono pretendere che siano create condizioni favorevoli alla realizzazione dei loro sogni. Piuttosto sono chiamati ad avere progetti e a rimboccarsi le maniche per eseguirli, sono chiamati a considerare le sfide e a farsi avanti per affrontarle, sono chiamati a vivere la loro vita come una vocazione, ad avere stima di sé, a sapere che Dio chiederà conto anche a loro di come sono state messe a frutto e a servizio di tutti le loro qualità.

La vita condivisa è più ospitale, promettente e rasserenante quando ciascuno offre con gentilezza il suo dono, il suo contributo. La reciprocità tra uomini e donne moltiplica il bene e genera futuro se risplende in ogni cosa, anche nella gentilezza: forse è spontaneo, ma certo riduttivo, fare della gentilezza un tratto caratteristico dell'animo femminile e della fortezza un tratto caratteristico dell'animo maschile. Piuttosto è urgente promuovere una capacità di apprezzamento reciproco della pluralità dei linguaggi gentili e contrastare con determinazione l'aggressività dei linguaggi prepotenti, sgarbati, offensivi. Lo scandalo della violenza, in particolare della violenza di cui le donne sono vittime, impone una reazione ferma e una conversione profonda di linguaggi e di comportamenti.

III – *La resistenza*

1. Elogio degli artigiani del bene comune

La vita non risparmia a nessuno le sue asprezze. Ciascuno è tentato di ripiegarsi a compiangersi per le difficoltà, le sofferenze, le delusioni che lo affliggono.

Il sole sorge sui buoni e sui cattivi, come la pioggia scende sui buoni e sui cattivi. C'è però differenza tra i "buoni" e i "cattivi". Infatti la vita può essere buona per chi fa il bene, e l'intima persuasione di non vivere per niente, ma per dare compimento alla propria vocazione per il bene di tutti, è uno spiraglio sul giudizio di Dio.

La nostra società è abitabile e la nostra terra desiderabile non per un qualche privilegio della natura, ma perché in ogni luogo e in ogni ruolo vivono e operano persone serie e oneste. Mi piacerebbe chiamarle "artigiani del bene comune".

Gli artigiani del bene comune sono dappertutto e fanno qualsiasi cosa, ma si caratterizzano perché quello che fanno lo fanno bene e sono convinti che il bene sia già premio a se stesso, anche se, ovviamente, pretendono il giusto compenso per il lavoro che svolgono.

Gli artigiani del bene comune sanno che ci sono cose più importanti di altre: in primo luogo coltivano i rapporti fondamentali, con il marito, la moglie, i figli, i genitori; sono pronti a qualsiasi sacrificio per i figli e non hanno ambizione più grande di quella di dare loro un futuro migliore; lavorano volentieri e mettono nel lavoro attenzione e competenza; hanno rispetto dell'ambiente in cui vivono e contrastano lo spreco, il degrado, lo squallore. Sono onesti: sanno che si può guadagnare di più se si è disonesti, ma disprezzano le ricchezze accumulate rovinando gli altri e la società. Sono intraprendenti e se c'è da dare una mano non si tirano indietro e, se hanno stima di coloro che per il bene comune si caricano di fastidi, loro non sono da meno, per quello che possono.

Gli artigiani del bene comune vivono, come tutti, giornate buone e giornate cattive. Ma in conclusione possono dire: "Ho fatto quello che ho potuto, ho fatto quello che dovevo fare".

Alcuni sono burberi, altri espansivi, alcuni sono forti, altri fragili, alcuni sono i primi della classe, altri modesti, sono uomini e donne che sanno essere gentili. Alcuni sono i "*milanes de Porta Cicca*", altri sono figli delle terre del sole e dei fiumi, tutti sono uomini e donne che sanno essere gentili.

2. Resistere alle insidie

Gli artigiani del bene comune sono capaci di resistenza. Resistono nella fatica quotidiana. Resistono nelle prove della salute e del lavoro. Resistono nelle complicazioni della burocrazia della società complessa. Resistono alle tentazioni del denaro facile e delle amicizie losche.

Si avverte che nella nostra società sono presenti persone e organizzazioni che disprezzano la vita umana, cercano in ogni modo il potere e il denaro. Si approfittano dei deboli, fanno soldi sulla rovina degli altri, distruggono giovinezze inducendo dipendenza dalle sostanze stupefacenti, dall'alcool, dal gioco, dalla pornografia. Si approfittano di coloro che attraversano difficoltà economiche e distruggono famiglie e aziende con l'usura, seminando paura, imponendo persone, convincendo di situazioni irrimediabili e di prepotenze incontrastabili che inducono alla resa prima della lotta e alla rassegnazione invece che alla reazione onesta, condivisa con le istituzioni, fiduciosa.

La nostra società non ha bisogno solo di forme più severe di controllo, di interventi più incisivi della politica e delle forze dell'ordine.

La nostra società ha bisogno di abitare i territori dell'umano, allorquando si sbilancia su e con un nuovo umanesimo; la nostra società ha bisogno di presidiare le relazioni interpersonali, a fronte di una deriva delle stesse nelle interminabili connessioni virtuali (relazioni tascabili e liquide); di lasciarsi interpellare dagli ultimi della fila, dai vuoti a perdere, dalle vite di scarto.

La nostra società ha bisogno di farsi accorta nel custodire i desideri, senza inseguire –

ossessivamente – tutti i bisogni (indotti e attribuiti, anche nella sanità e nell'assistenza); di rendersi conto che i problemi del welfare non riguardano solo qualcuno, ma interpellano tutti, nel possibile e plausibile rischio di una generalizzata esposizione alle grandi e nuove fragilità immateriali e dunque esistenziali. Ha bisogno di artigiani del bene comune che contrastino i disonesti e i prepotenti: è necessario resistere e far crescere la rettitudine morale. Devono essere coltivate l'interiorità lucida e l'opinione pubblica concorde nel ritenere ignobile il comportamento disonesto, nell'emarginare chi vuole imporsi e insegna ai figli e ai giovani a fare della prepotenza un titolo di merito.

C'è bisogno di gente che resista. Che resista con la gentilezza di chi sa che cosa sia bene e che cosa sia male e compie il bene perché ha fiducia nell'umanità, ha fiducia nelle istituzioni, ha fiducia in Dio.

Conclusione

In conclusione, invoco ogni benedizione di Dio sui responsabili delle istituzioni, sulla città e sul territorio, su tutti coloro che abitano questa terra, ne onorano la storia, ne preparano un futuro, vi seminano fiducia anche in questi tempi travagliati e complicati a causa della pandemia e di tutti gli altri drammi.

Secondo le parole del poeta Franco Arminio, "abbiamo bisogno di contadini, di poeti, di gente che sa fare il pane, che ama gli alberi e riconosce il vento. Più che l'inno alla crescita ci vorrebbe l'inno all'attenzione. Attenzione a chi cade, al sole che nasce e che muore, ai ragazzi che crescono, attenzione anche a un semplice lampione, a un muro scrostato. Oggi essere rivoluzionari significa togliere più che aggiungere, rallentare più che accelerare, significa dare valore al silenzio, alla luce, alla fragilità, alla dolcezza" (*Cedi la strada agli alberi*, 2017). Io aggiungerei: alla gentilezza.

Invoco ogni benedizione di Dio per tutti i fedeli della diocesi ambrosiana e vorrei essere io stesso benedizione gentile per tutte le comunità che mi è dato di visitare. Con il prossimo mese di gennaio si avvia la visita pastorale nella città di Milano: con l'animo del pellegrino e nello stile della gentilezza, desidero incontrare e lasciarmi incontrare da tutti coloro che pensosi si interrogano sul perché e per chi vivere, sul bisogno di relazioni, di fraternità, di giustizia, di solidarietà.

È mio desiderio incoraggiare tutti nella pratica della lungimiranza, fieri della nostra identità ambrosiana e proprio per questo forti nel resistere a ogni illegalità, tentazione divisiva, mancanza di speranza, certi che la potenza d'amore dello Spirito continua ad abitare anche la nostra Milano facendo germogliare infiniti semi di bene.

Invoco ogni benedizione di Dio per tutti i credenti di ogni confessione cristiana, per i credenti della comunità ebraica, per tutti i credenti di ogni religione, per tutti gli uomini e le donne di buona volontà.

Siate benedetti voi che sapete guardare avanti e diffondere fiducia con la serietà e la gentilezza delle persone per bene, come artigiani del bene comune.

Siate benedetti voi tutti che avete stima di voi stessi e che perciò vi fate avanti per l'impresa di aggiustare il mondo, con determinazione e gentilezza, e trovate insopportabili e ridicole l'arroganza e la presunzione.

Siate benedetti voi che siete forti e sapete resistere nelle prove e respingere, non con proclamazioni vuote e dimostrazioni inutili, ma con gentile fermezza, le tentazioni e cercate con tutte le forze di sradicare la malapianta della malavita e della corruzione.

Siate benedetti tutti, voi uomini e donne, di ogni popolo e lingua, di ogni condizione e in ogni situazione: il nostro santo patrono Ambrogio vi incoraggi con il suo esempio, interceda per voi presso Dio e vi raduni come un popolo che sa lavorare, sa sperare e sa cantare.

Indice

Stampa: Elcograf SpA